Méthode de Piano Hal Leonard

Solos pour Piano Volume 5

PRÉFACE

Le recueil de **Solos pour Piano, Vol. 5** peut être utilisé en complément du recueil de **Leçons de Piano, Vol. 5**. Il contient un grand nombre de chansons agréables à jouer et à écouter. Grâce aux connaissances acquises par le biais de la méthode, la pratique quotidienne deviendra plus motivante et l'élève progressera avec beaucoup d'efficacité.

Pour accompagner ces solos, il est possible de se procurer le compact disc vendu séparément. Les morceaux sonneront mieux encore et s'exercer deviendra un vrai plaisir !

Auteurs
Barbara Kreader, Fred Kern, Phillip Keveren

Illustrations
Fred Bell

Traduction
Sylvie Fritsch

Référence : 0586.00 DHE

ISBN 90-431-1098-1
NUGI 443

Copyright © 1998 by HAL LEONARD CORPORATION
International Copyright Secured All Rights Reserved

Tous droits réservés pour tous pays. Aucune partie de ce livre ne peut être reproduite sous aucune forme : imprimée, photocopiée, microfilmée ou par tout autre moyen sans l'autorisation de l'éditeur.

Imprimé aux Pays-Bas.

Solos pour Piano Volume 5

SOMMAIRE

** Pour suivre sa progression, l'élève peut cocher les morceaux déjà joués.*

La toccata à la menthe

L'accompagnement est également disponible sur un compact disc que l'on peut se procurer séparément.

Vite ! (𝅗𝅥 = 120) 1/2

Bruce Berr

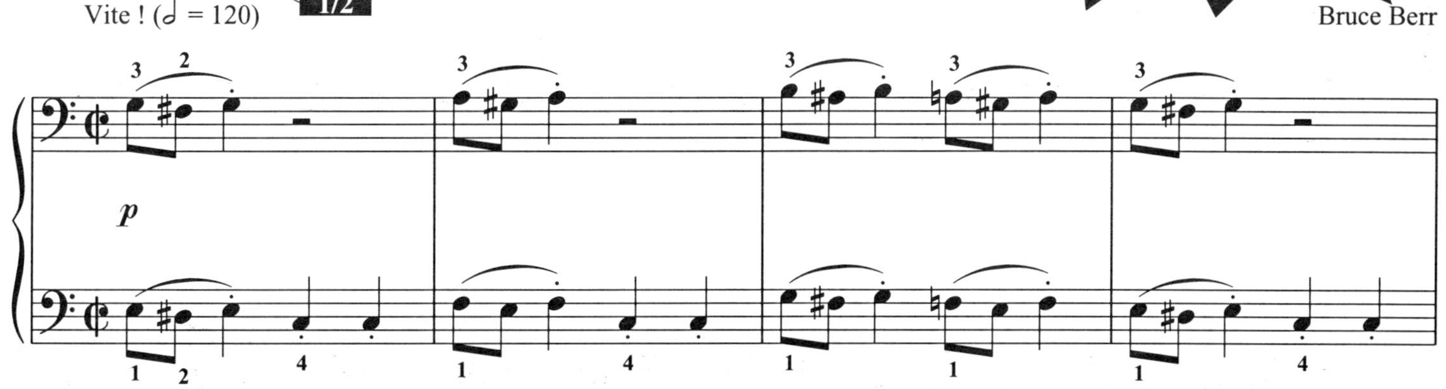

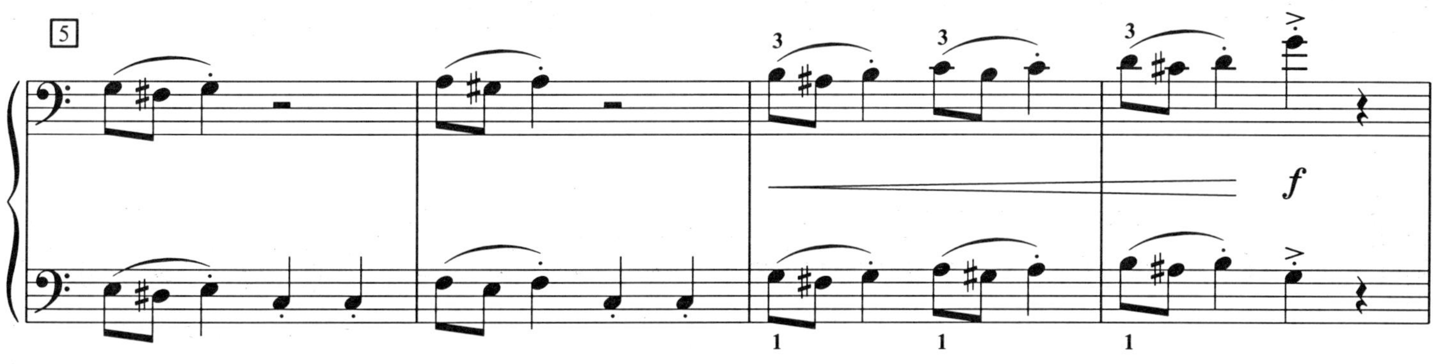

simile
mf
p cresc.
f
f

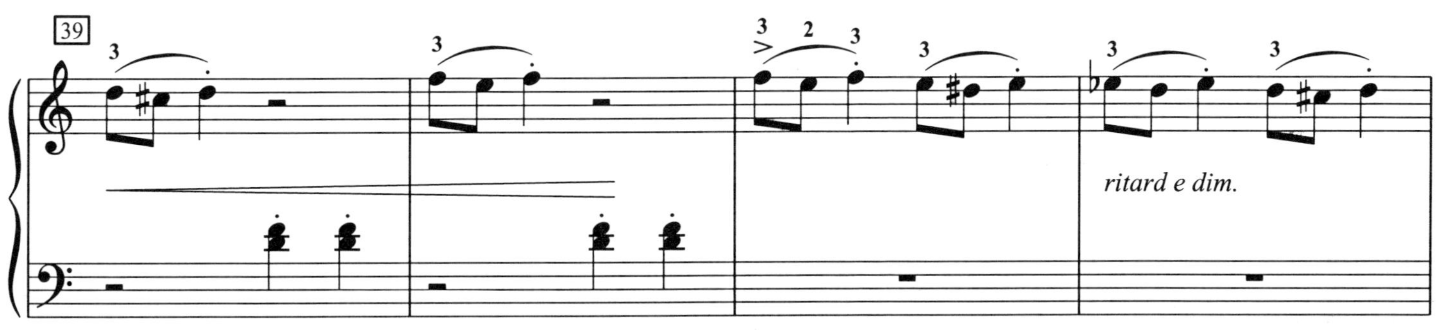

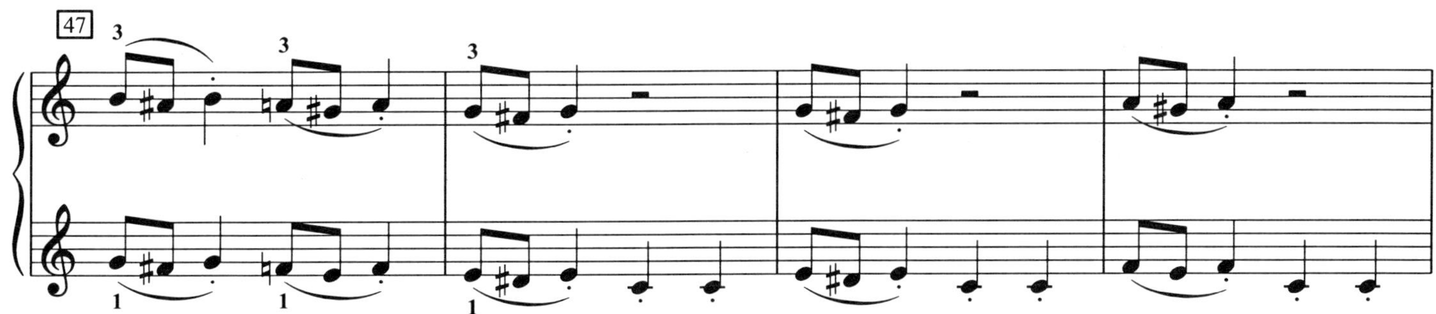

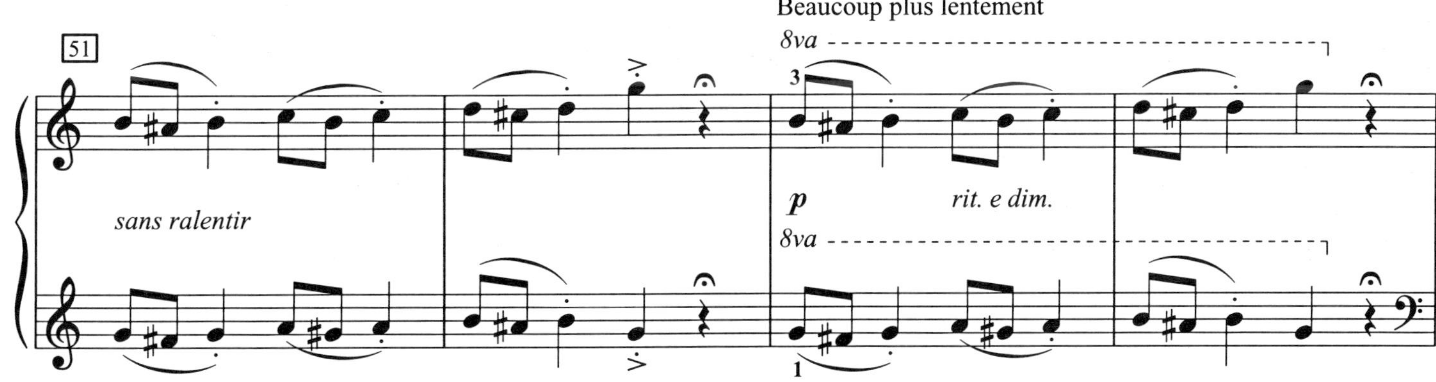

* *subito* – subitement

Cristaux de neige

Passe à la coda
poco rit.
pp
a tempo
cresc.
f
mp
D.C. al Coda
CODA
rit.
pp

La mélodie des étoiles

Bruce Berr

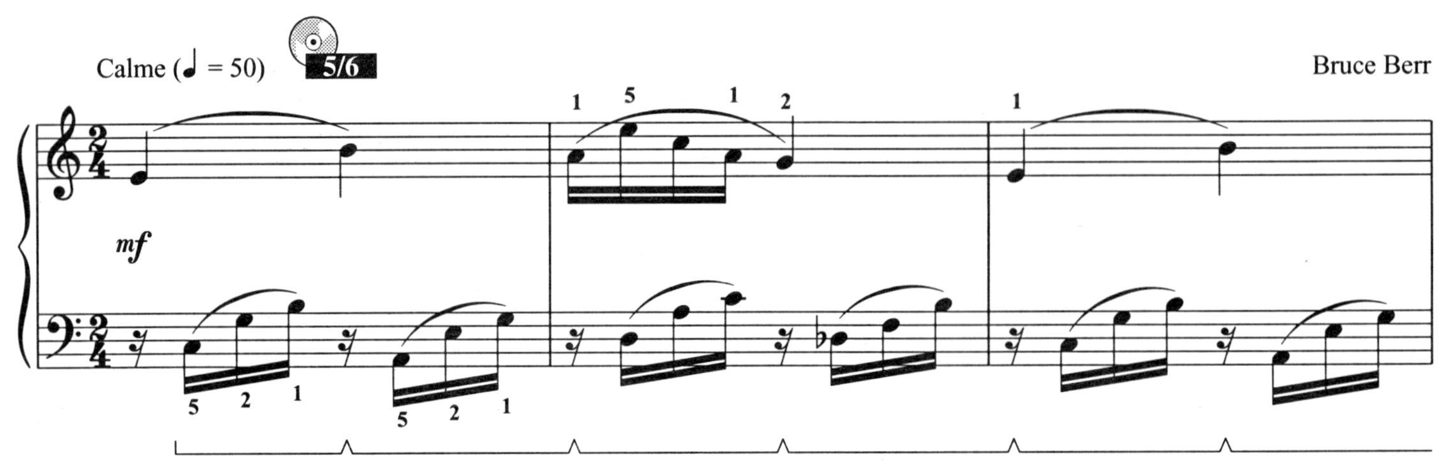

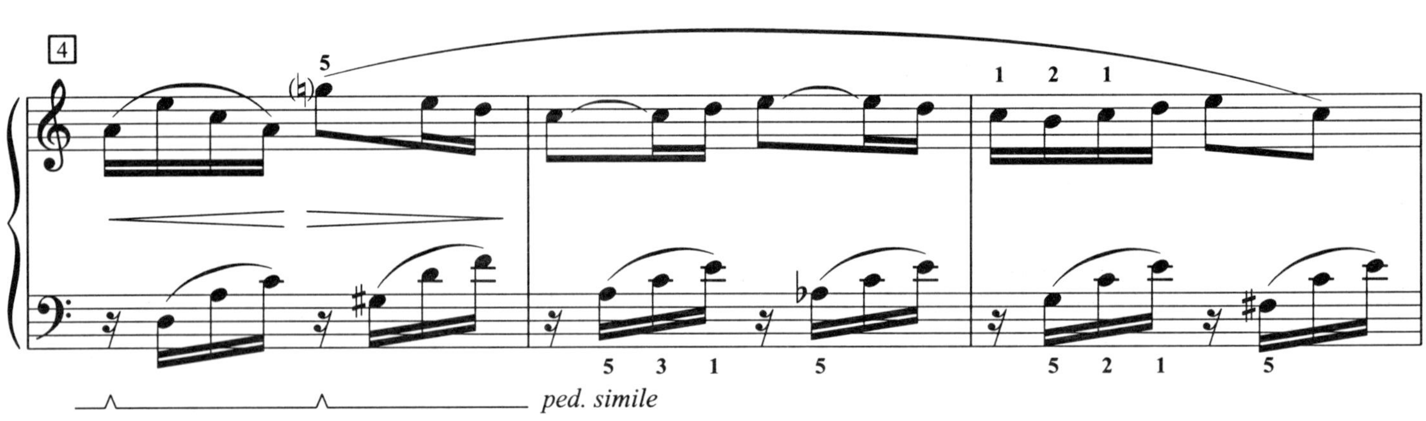

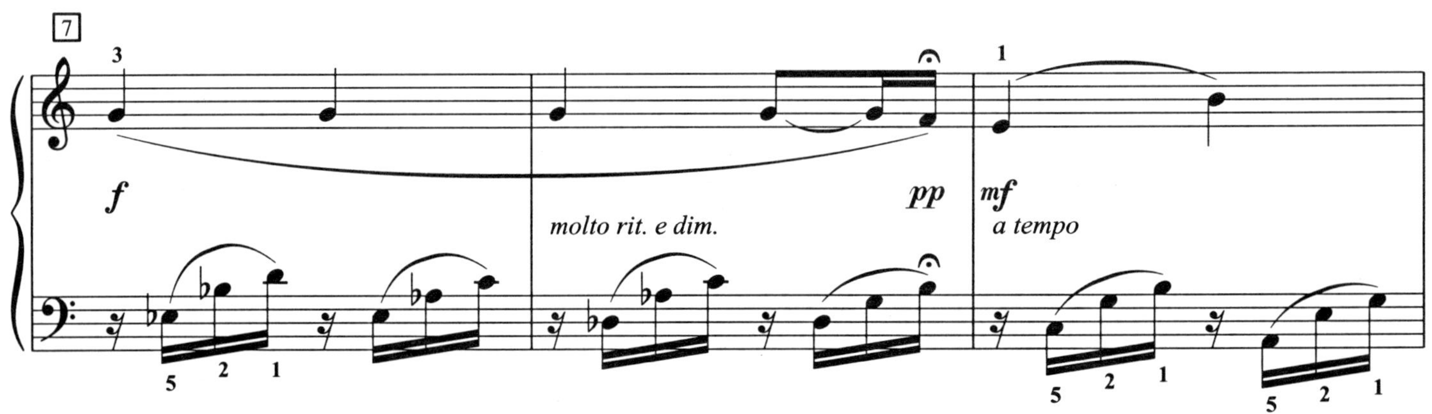

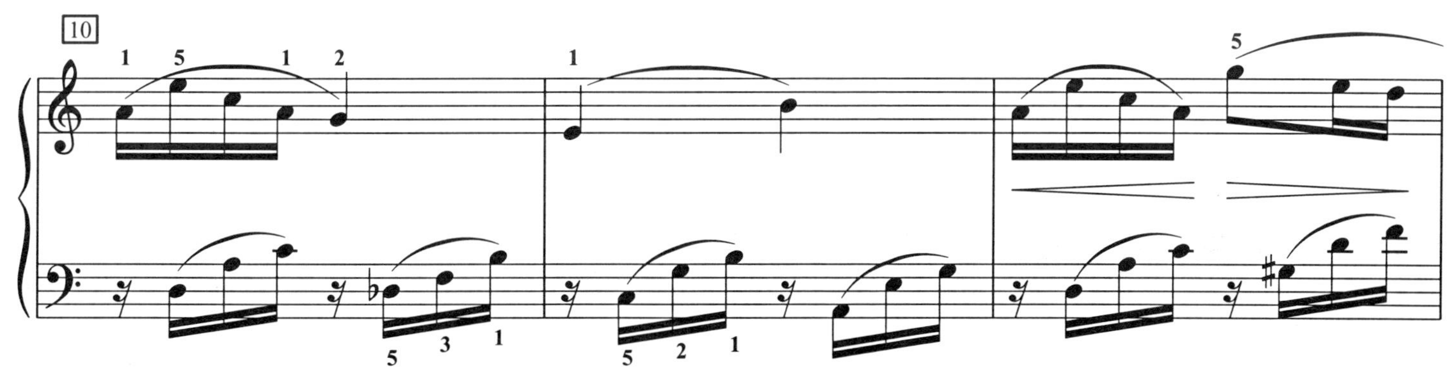
10

13

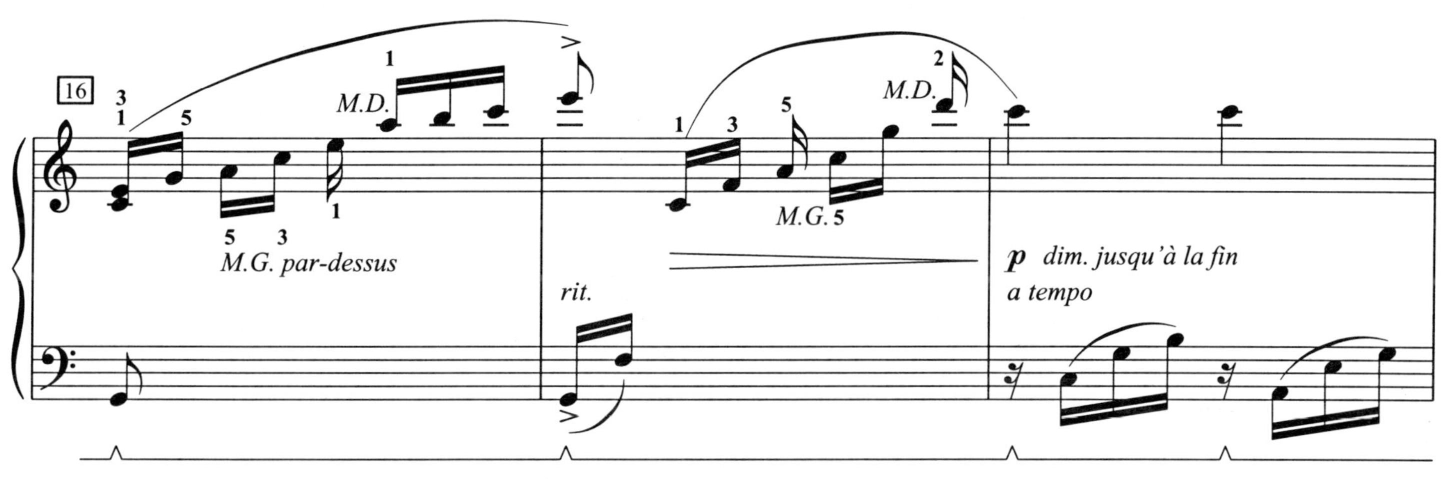
16
M.D.
M.G. par-dessus
rit.
M.D.
M.G.
p dim. jusqu'à la fin
a tempo

19
rit. poco a poco
M.G.
M.D.
M.D.
8va
(respiration)

Le bateau à voiles

* *scherzando* – en badinant

Temps gris

Andante espressivo* (♩ = 76) 9/10

Christos Tsitsaros

* *Andante espressivo* – avec sentiment/expression

La grande fontaine

À 4 temps, vite, avec enthousiasme (♩. = 140) 11/12

Bruce Berr

* Ped. – *pédale enfoncée* ✱ – *pédale relâchée*

21
mf
p
25
f
p
29
ff
M.D. 8va
f
33
p
f
36
mf
8va
M.G. au-dessus
M.G. au-dessus M.G. au-dessus
M.G.
ff

Clair comme le cristal

16
f
mf

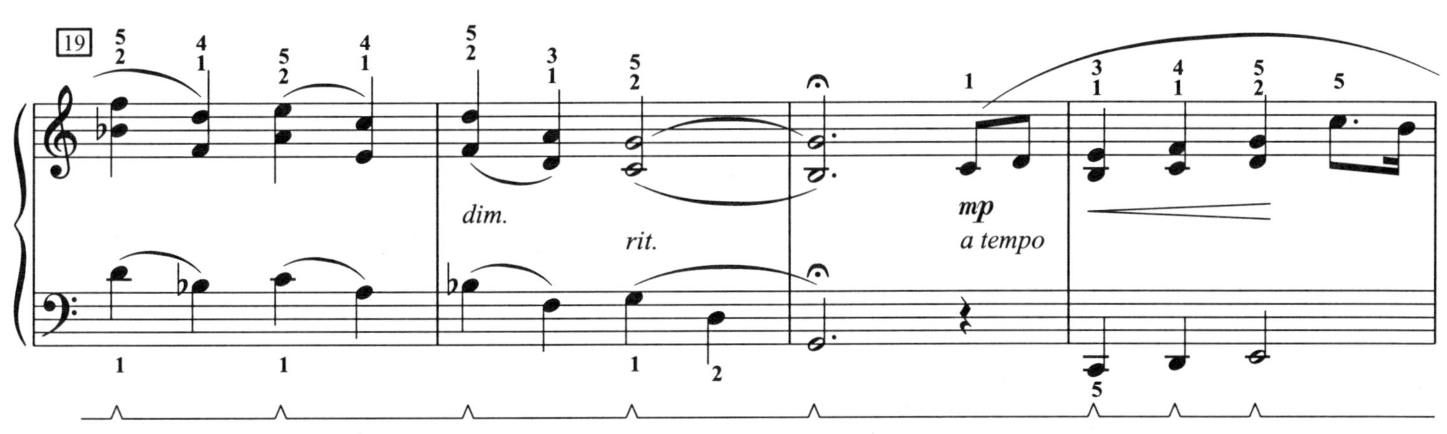
19
dim.
rit.
mp
a tempo

23

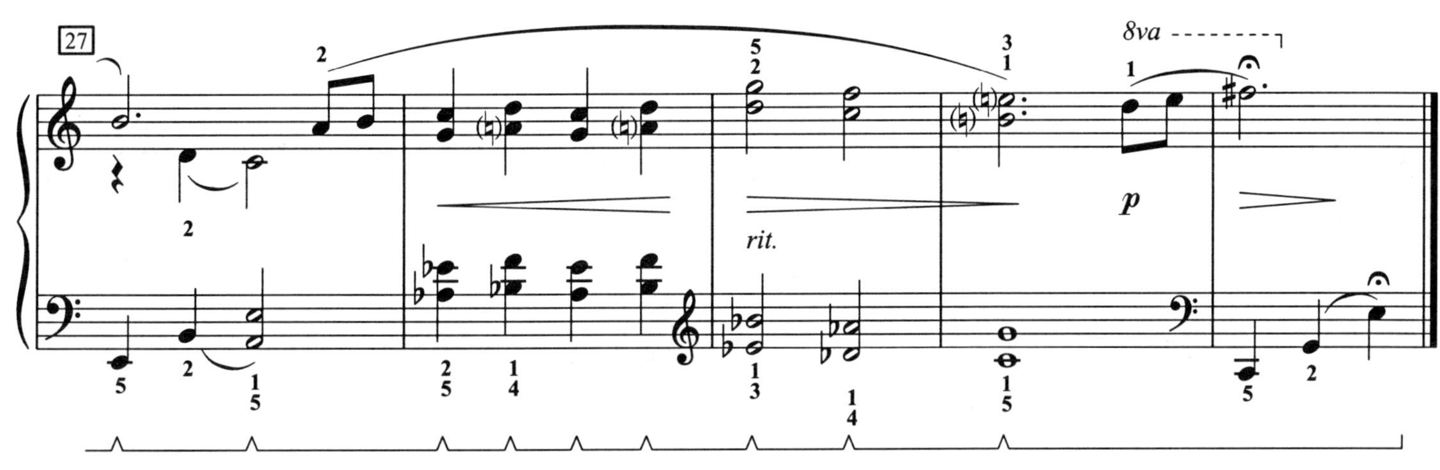
27
8va
rit.
p

Réplique de vaudeville

14
f
18
mf
21
mp
mf
f
24
mf
8va
p
M.G.
27
f
mp

Frites maison

Country Rock (♩ = 126) 17/18

Bill Boyd

13
17
f
3
21
4
2
4
25
mf
29

La chanson du pêcheur

Allegro moderato (♩ = 80) 19/20

Christos Tsitsaros

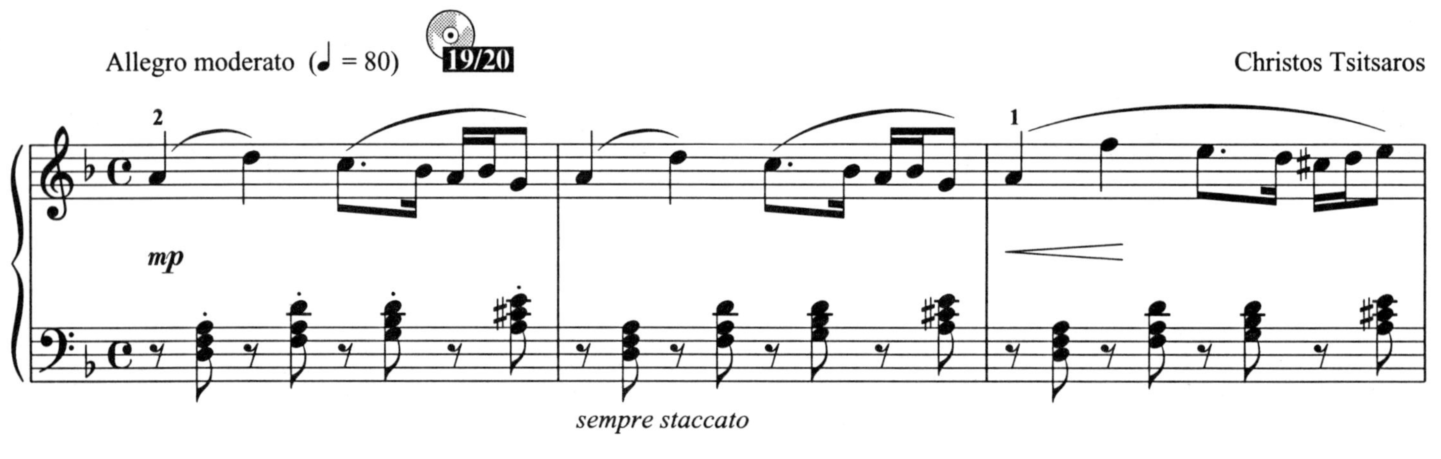

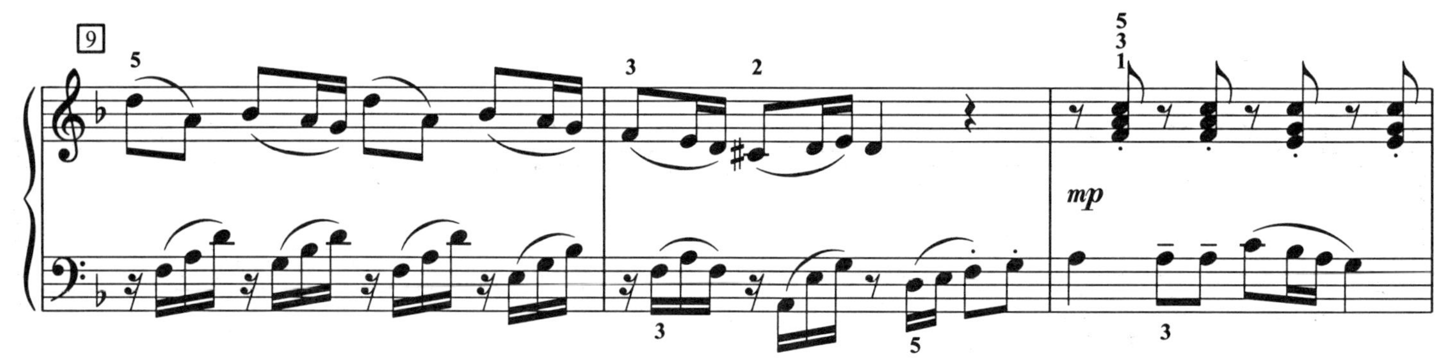

12
1
1 2 1
mf
1 2 1

15
1 2 3 5 1 2 5
p subito
5 5 5 4

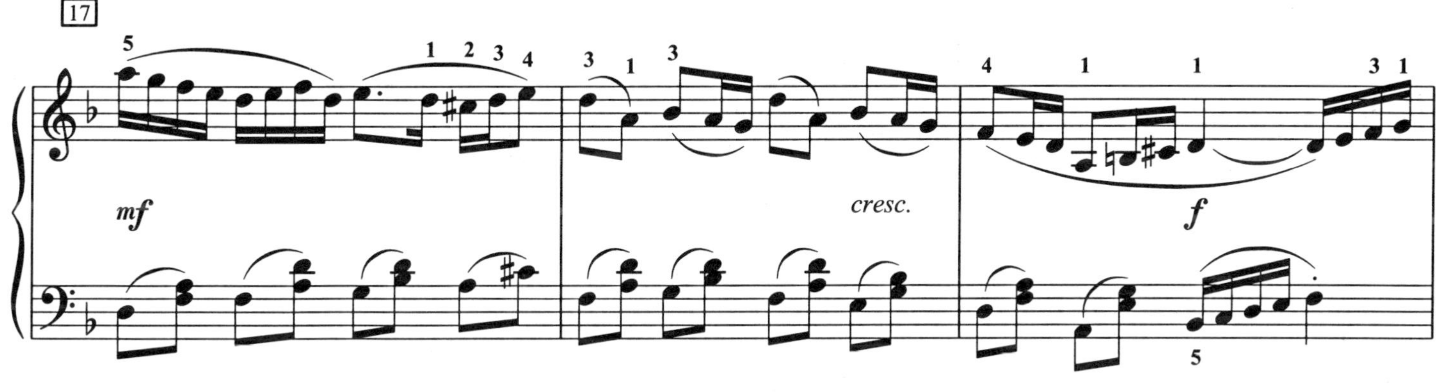
17
5 1 2 3 4
3 1 3
4 1 1 3 1
mf
cresc.
f
5

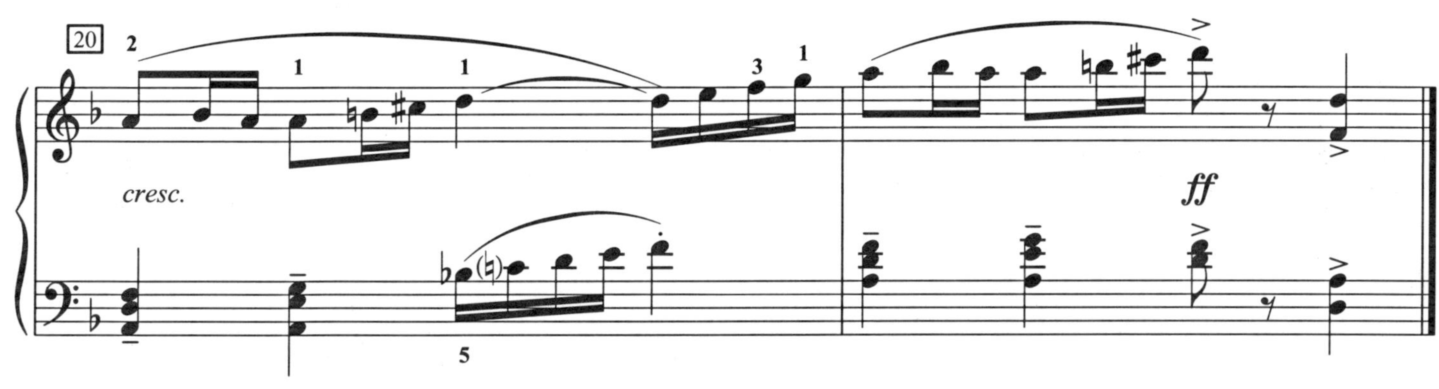
20
2 1 1 3 1
cresc.
ff
5

Une drôle de danse

Blues Swing modéré (♩♩ = ♩ ♪ triplet) (♩ = 126) 21/22

Carol Klose

16
19
21
24
28
8va
rit.
8va

Tous nos vœux de bonheur

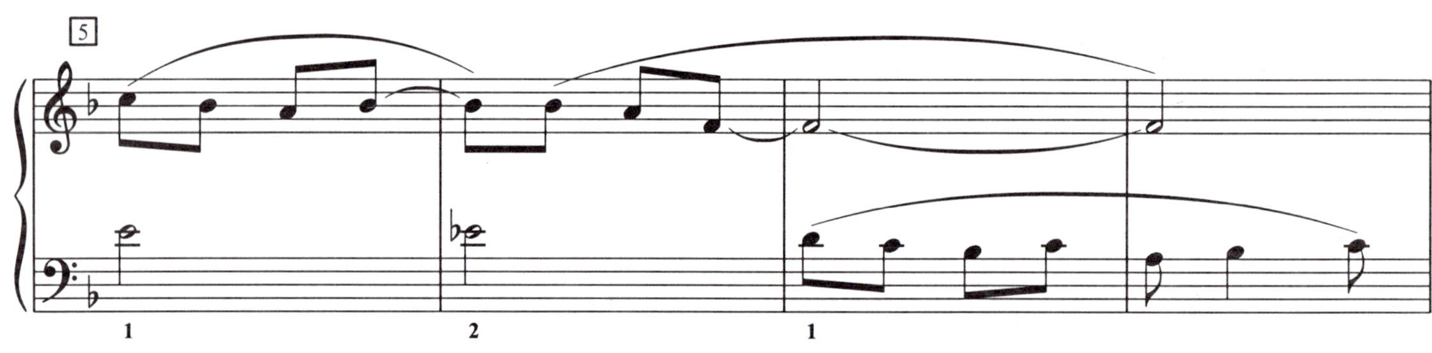

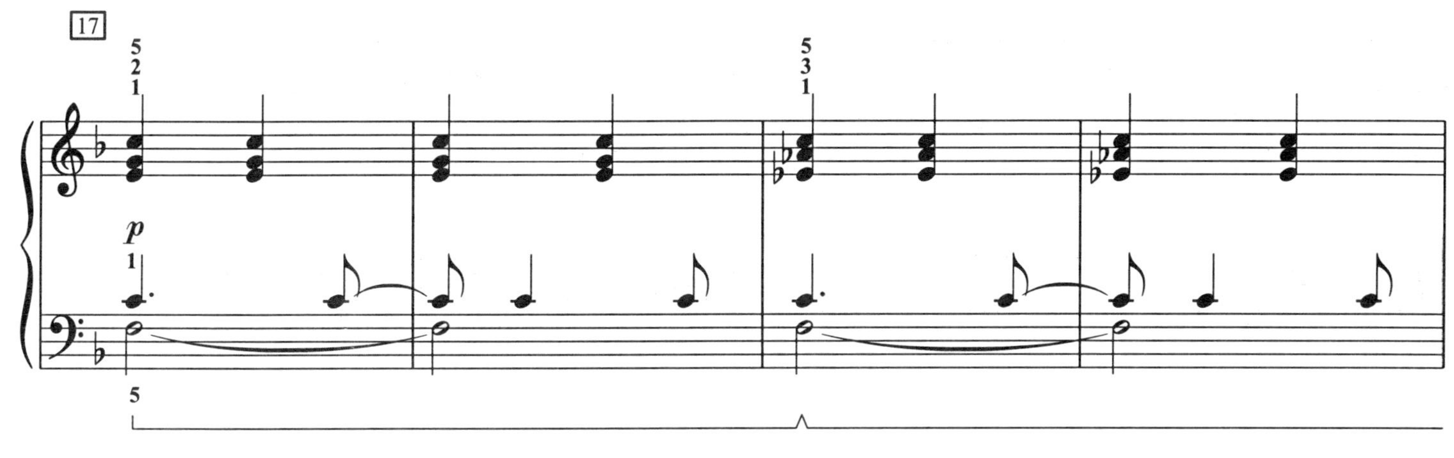
17
5
2
1
5
3
1
p
1
5

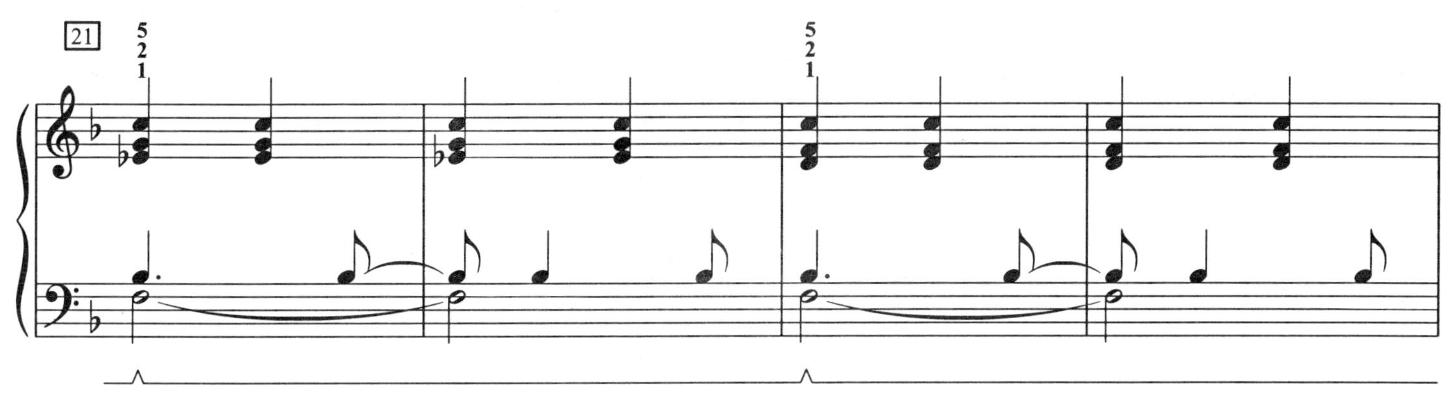
21
5
2
1
5
2
1

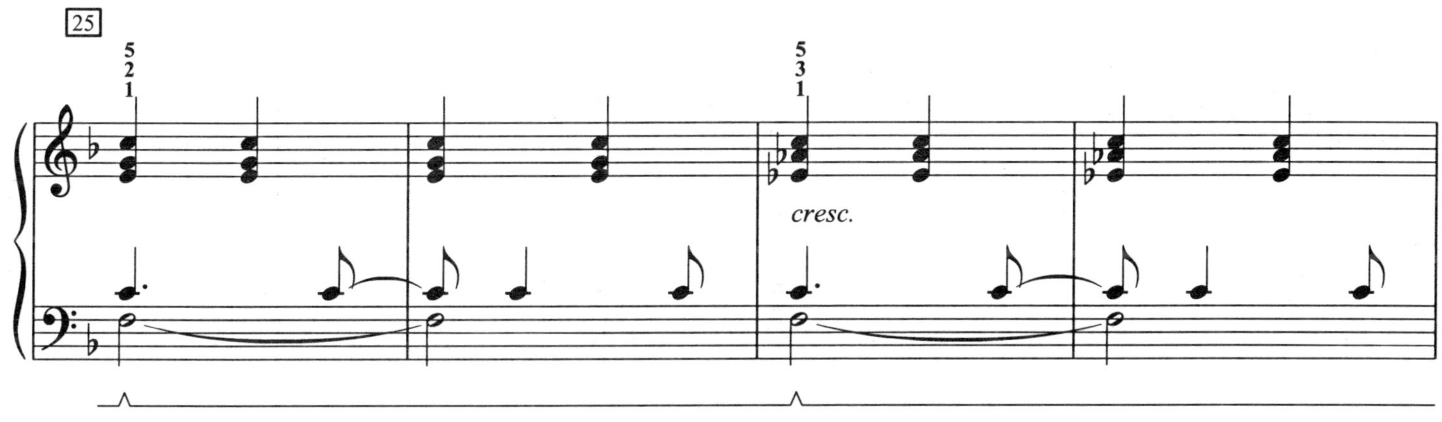
25
5
2
1
5
3
1
cresc.

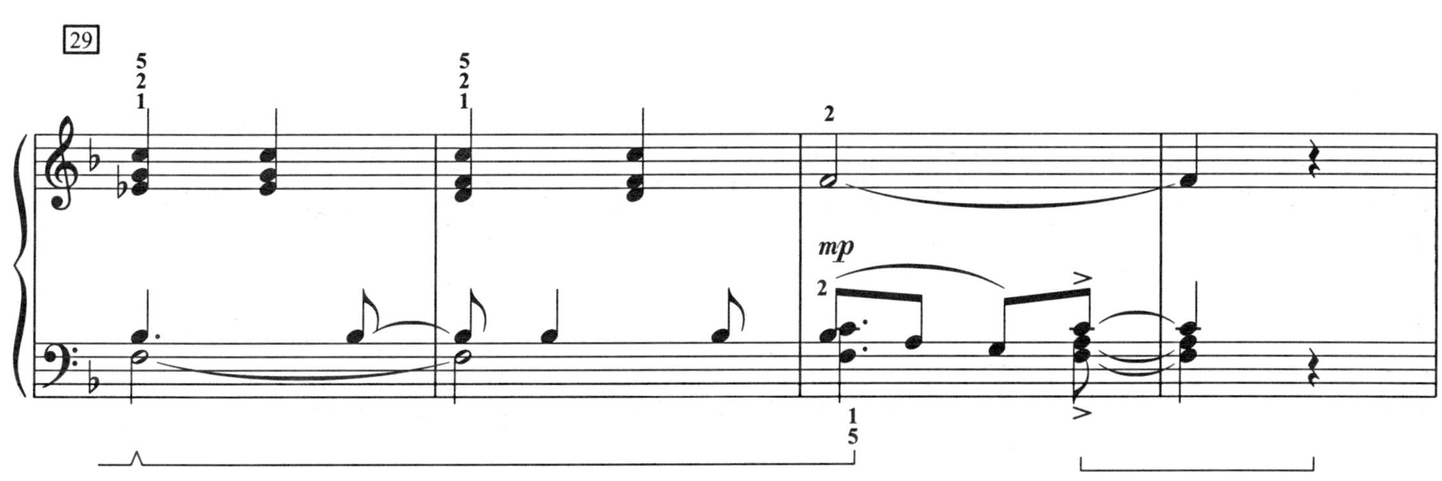
29
5
2
1
5
2
1
2
mp
2
1
5

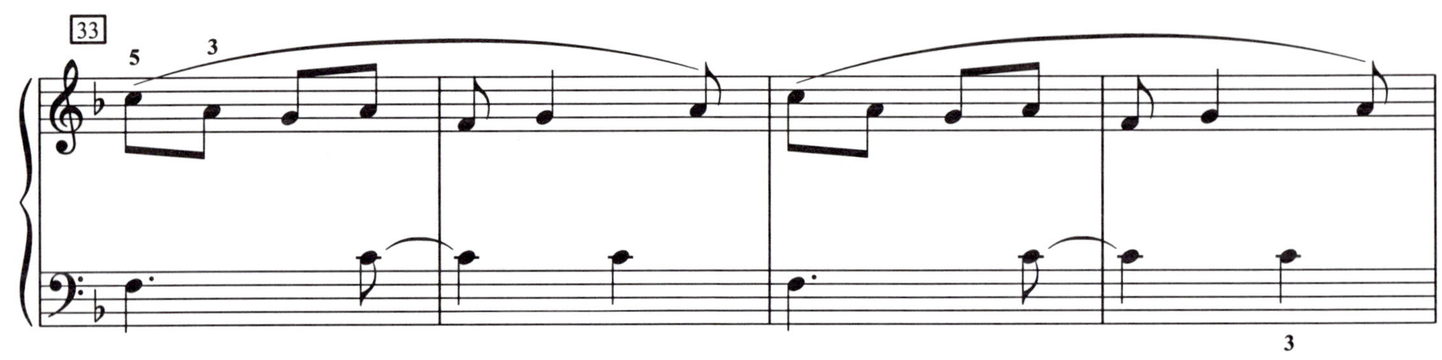
33
5
3
3

37
5
4
2
mf
1
1
2
5
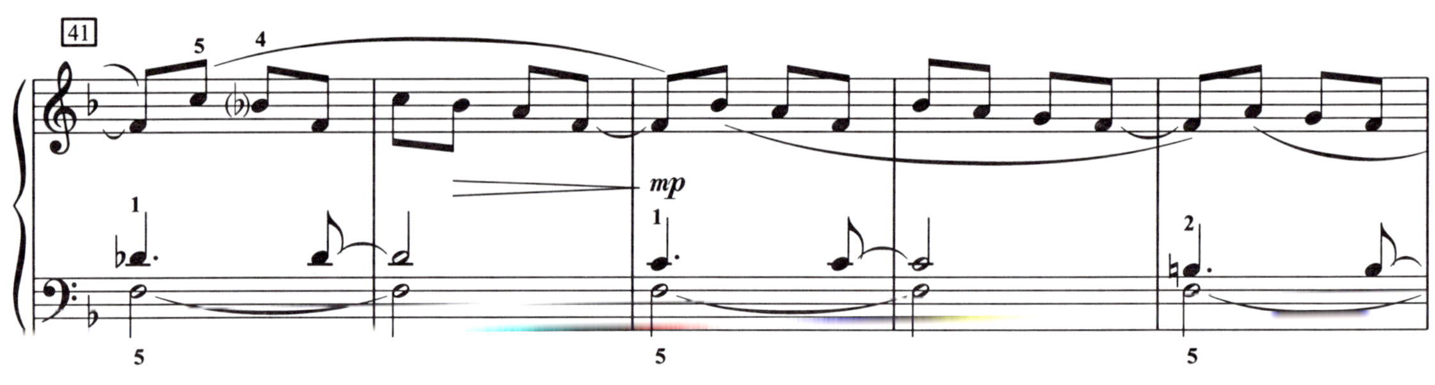
41
5
4
mp
1
1
2
5
5
5
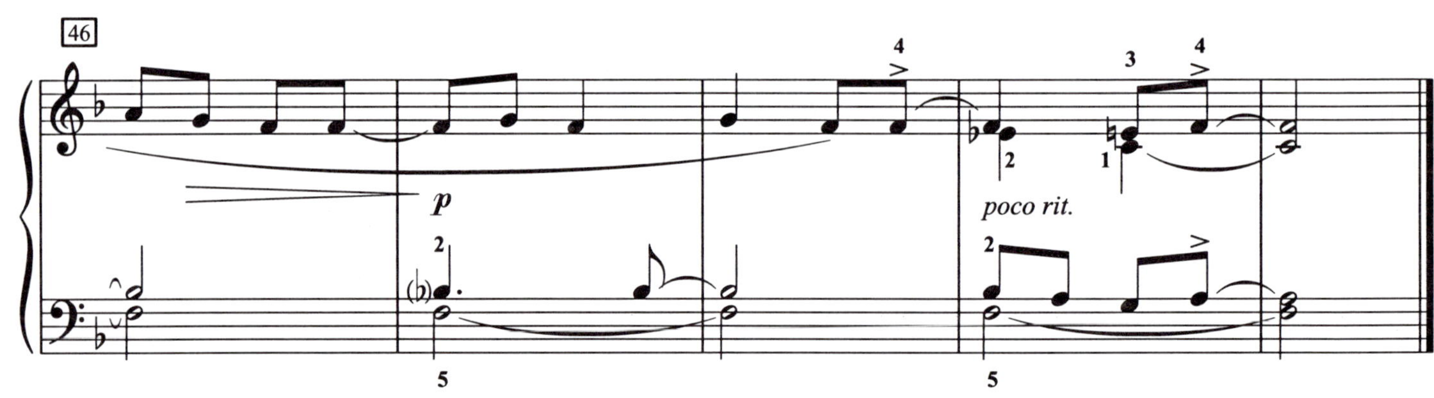
46
4
3
4
2
1
p
poco rit.
2
2
5
5

Moment d'accalmie

En complément de la page 31, recueil de Leçons de Piano, Vol. 5

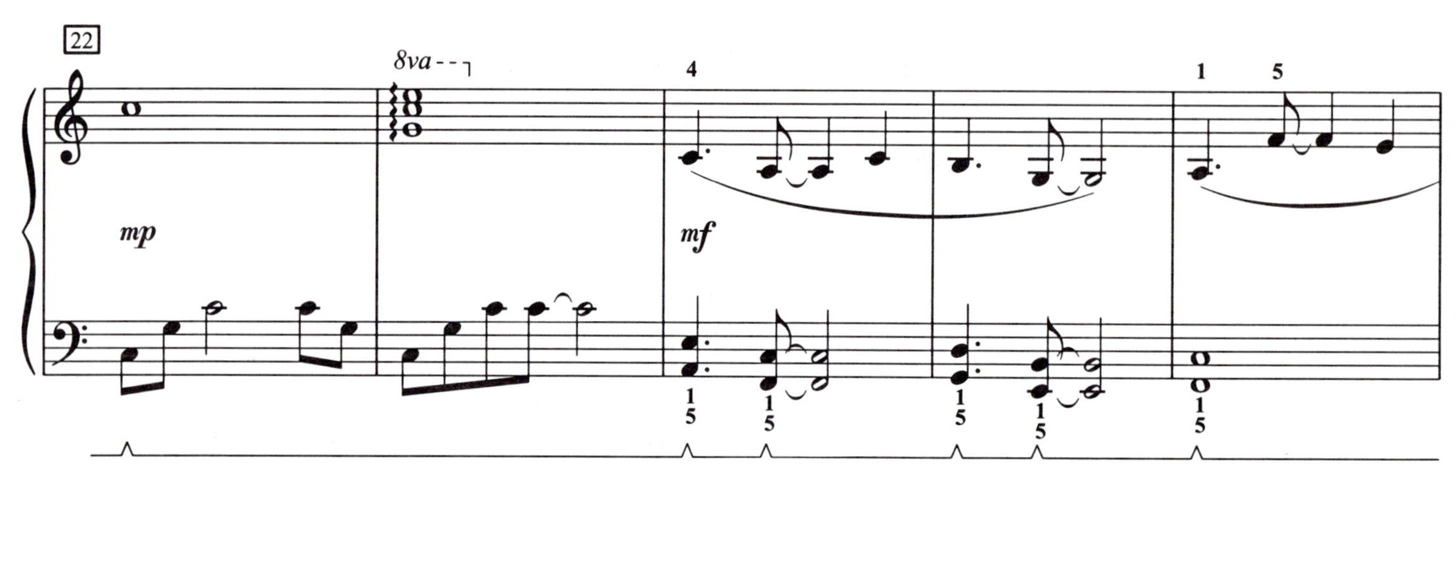
22
8va
mp
mf

27
p cresc.

31
mf

35

39
5
3
1
2
5
3
1
2
5
2
1
1
4
5
2
5
1
1
4

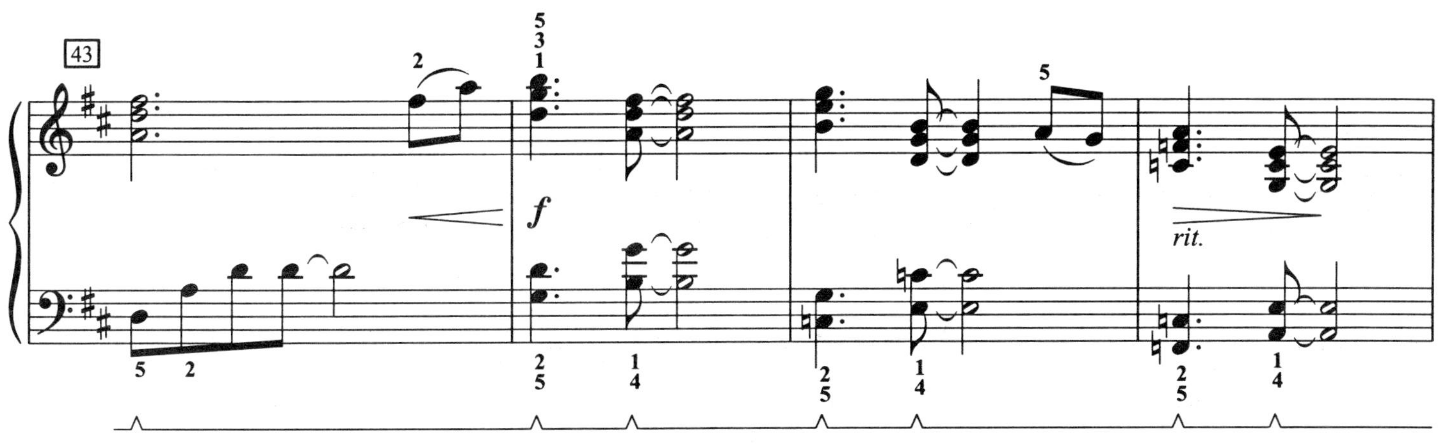
43
2
5
3
1
5
f
rit.
5
2
2
5
1
4
2
5
1
4
2
5
1
4

47
mp
p
a tempo
5

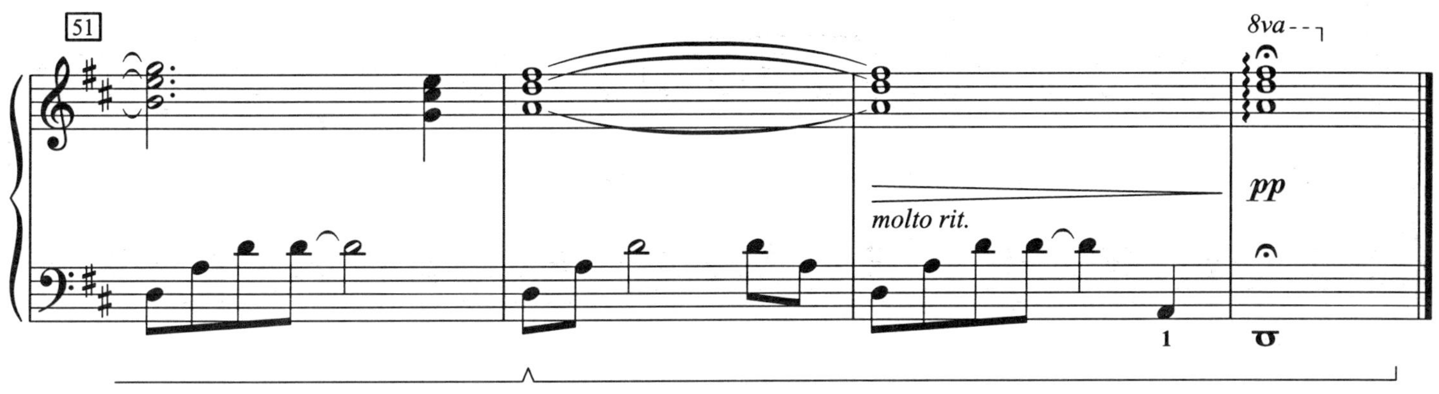
51
8va
pp
molto rit.
1

Toccatina

Vivace* (♩ = 116) 27/28

Christos Tsitsaros

**Vivace* signifie "vif"

13
mf
16
cresc.
f
19
22
cresc.
ff
M.D.
25
M.G.

Prairie School Ragtime

19
1.
2.
f
mp
mp
22
mp
mf
mp
26
mf
29
1.
2.
mp
f
mp
32
p
f

35
mf
f
39
mf
f
8va
43
mf
47
mp
mf
f
51
mp
f

Nocturne

17
3
mf
5
5
ped. simile

21
2
3
1
cresc.
poco rit.
4
2
1

25
4
1
f
a tempo
4
1
5
2
4
1
4
1
5
2
4
1

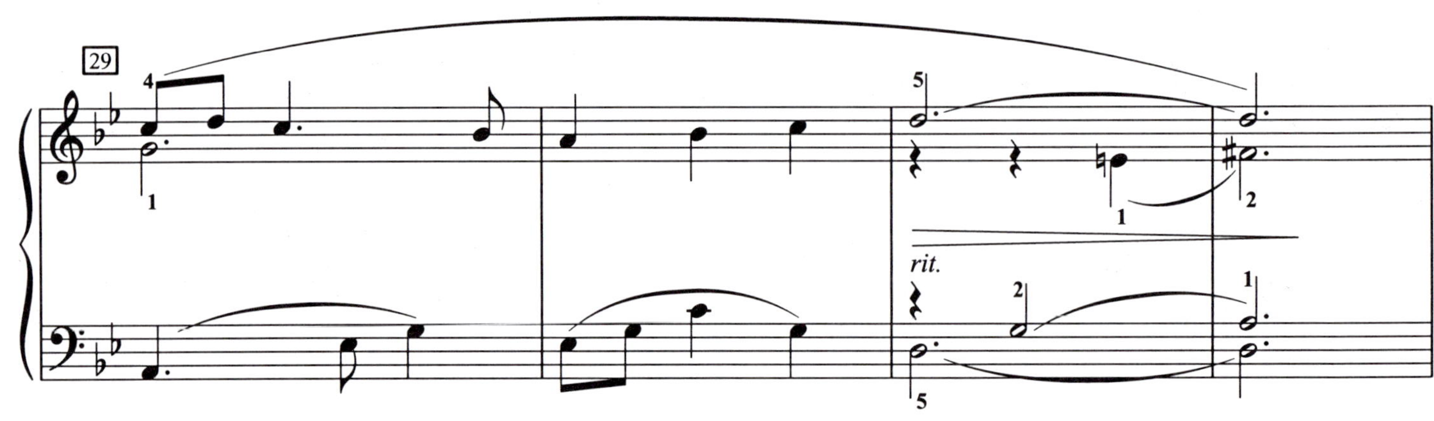
29
4
1
5
1
2
rit.
2
1
5

33
mp
a tempo

37

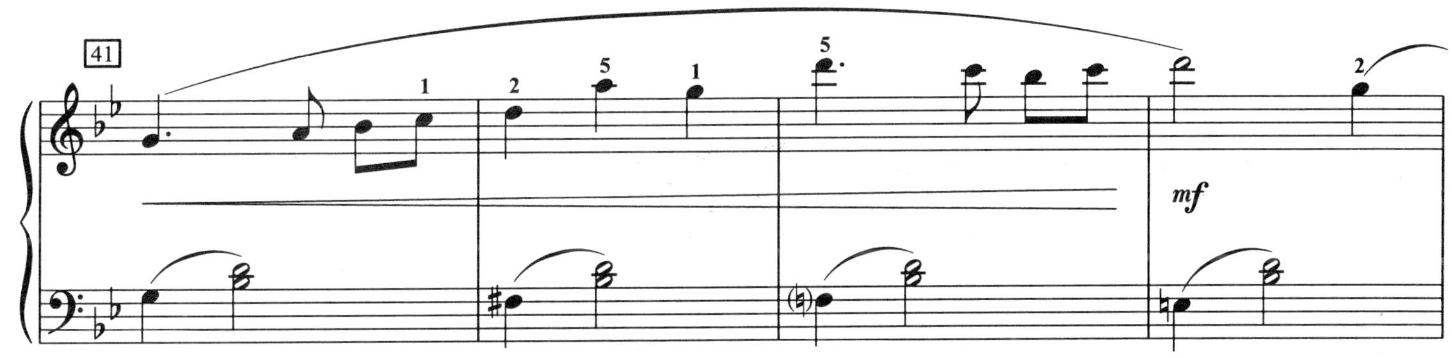
41
mf

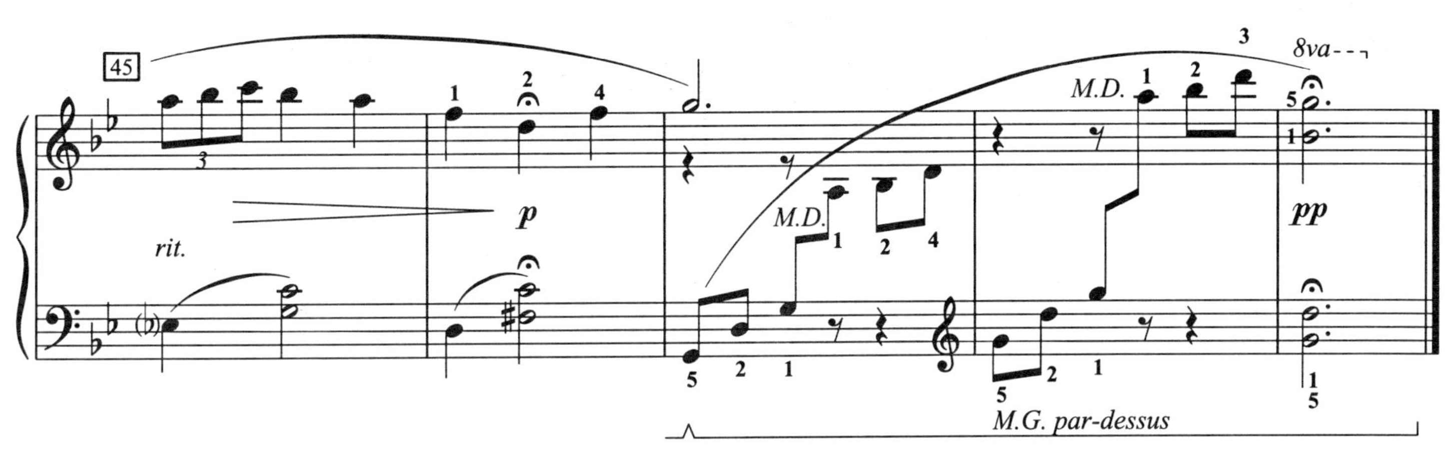
45
8va
rit.
p
M.D.
M.D.
pp
M.G. par-dessus

La basse se promène

CODA

Souvenirs

Avec douceur (𝅗𝅥 = 60) **35/36**

Tony Caramia

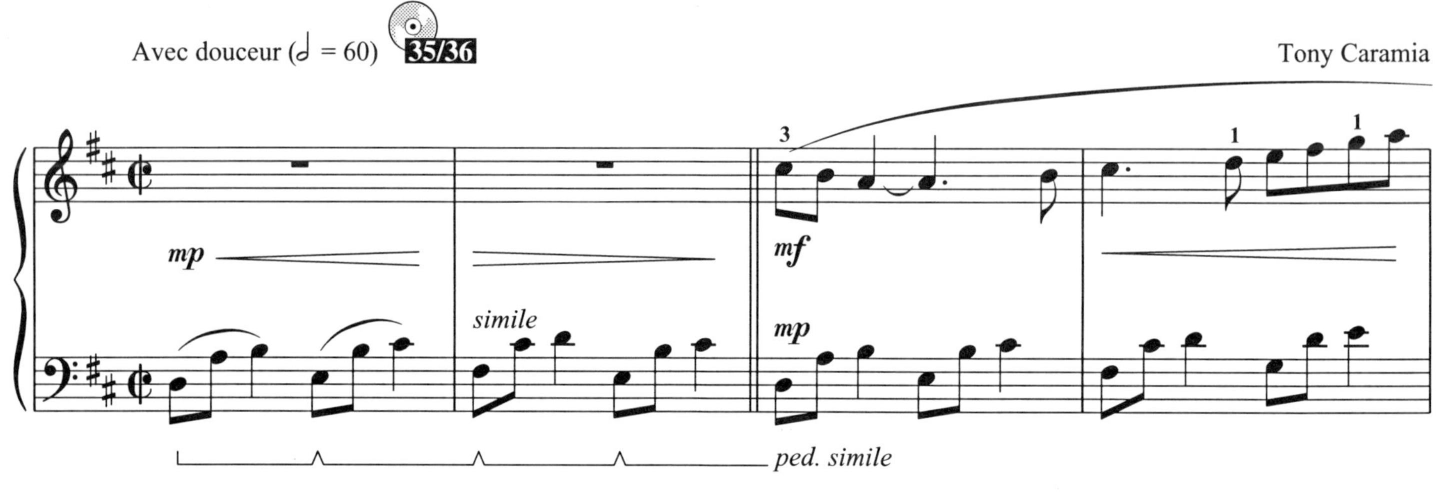

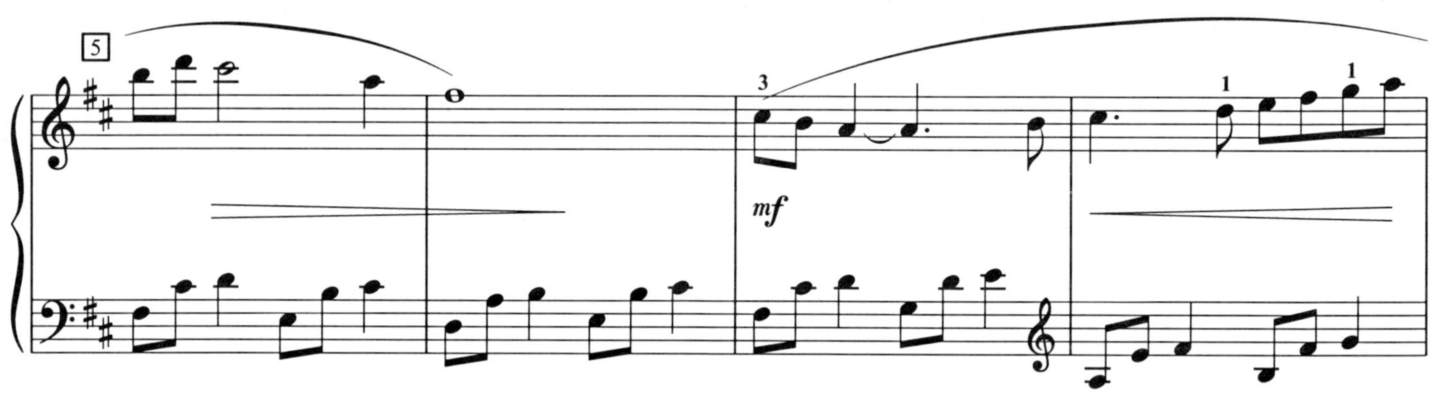

17
21
molto rit.
f
a tempo
mf
simile
25
29
sans ralentir jusqu'à la fin
8va
33

Les mouettes

Fluide (♩ = 114)

Christos Tsitsaros

21
mp
25
f
rit.
p
a tempo
29
33
mf
mp
37
rit.
pp

La grande cascade

Avec mouvement (♩ = 105) 39/40

Phillip Keveren

13
2
1 5
1 4
1 3
cresc.
1
3
1

16
M.G. 2
M.G. 2
M.G. 2
1 5
1 4
1
f
1

19
M.G. 2
2
dim. e rit.

21
M.G. 5
mp
molto rit.

23
pp
a tempo

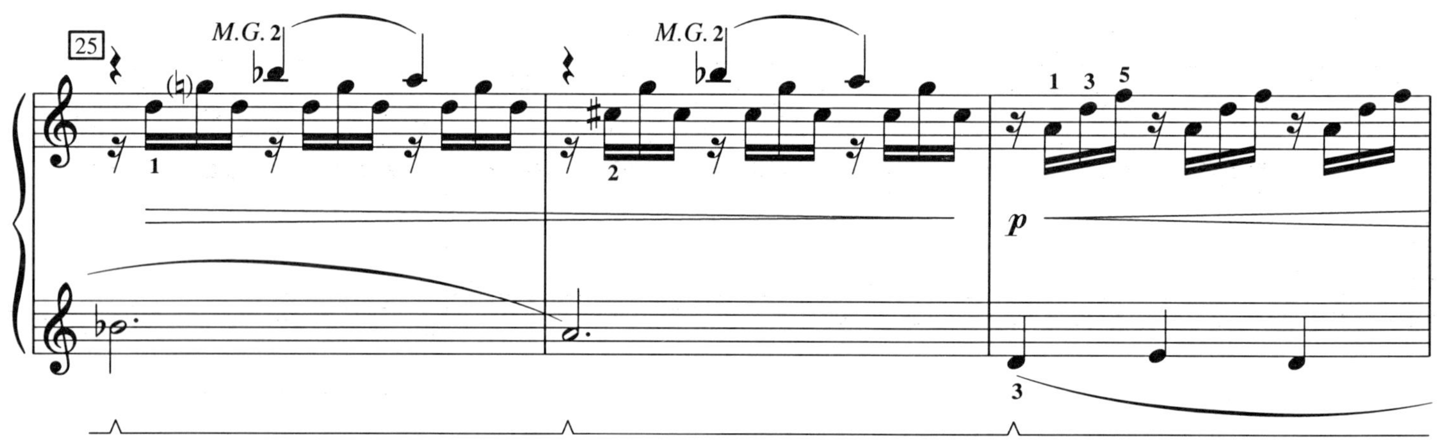
25
M.G. 2
M.G. 2
p

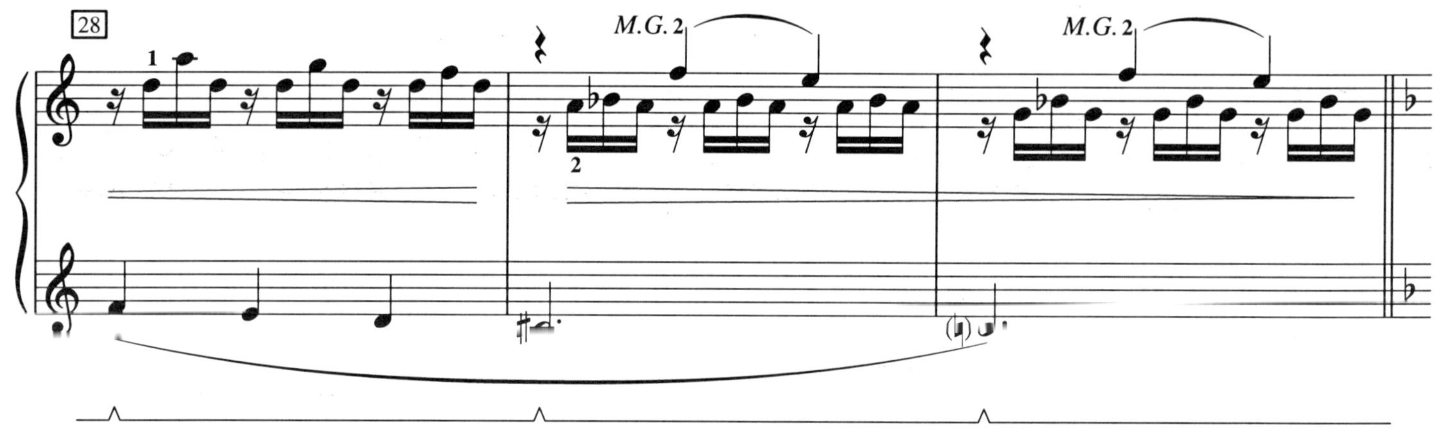
28
M.G. 2
M.G. 2

31
poco a poco cresc.

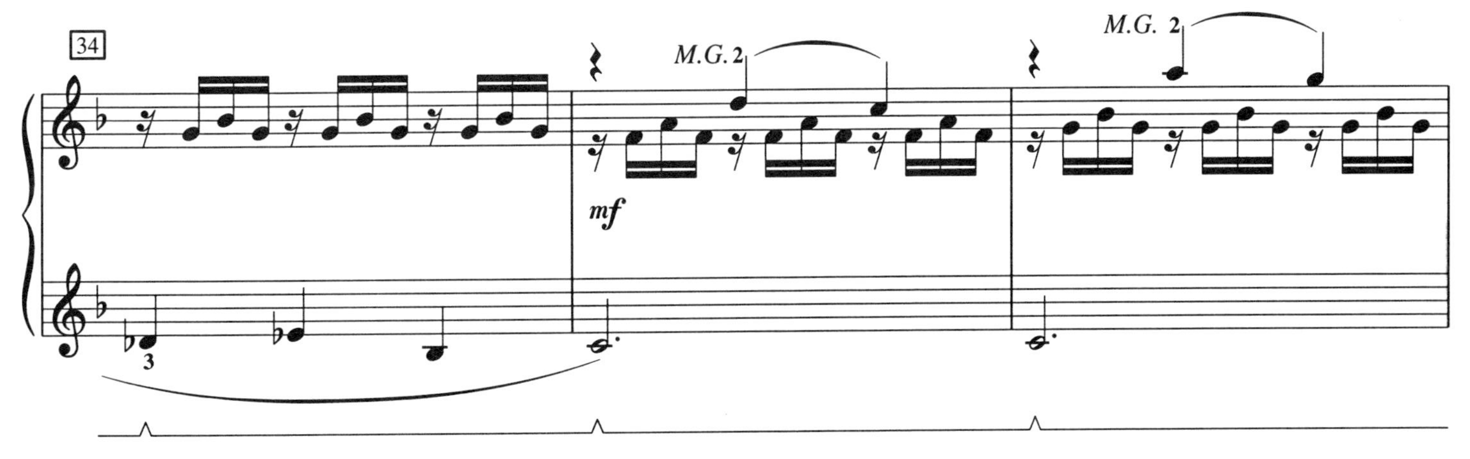
34
M.G. 2
M.G. 2
mf
3

37
M.G. 2
M.G. 2
M.G. 2
sub. p
poco rit.
cresc.
a tempo

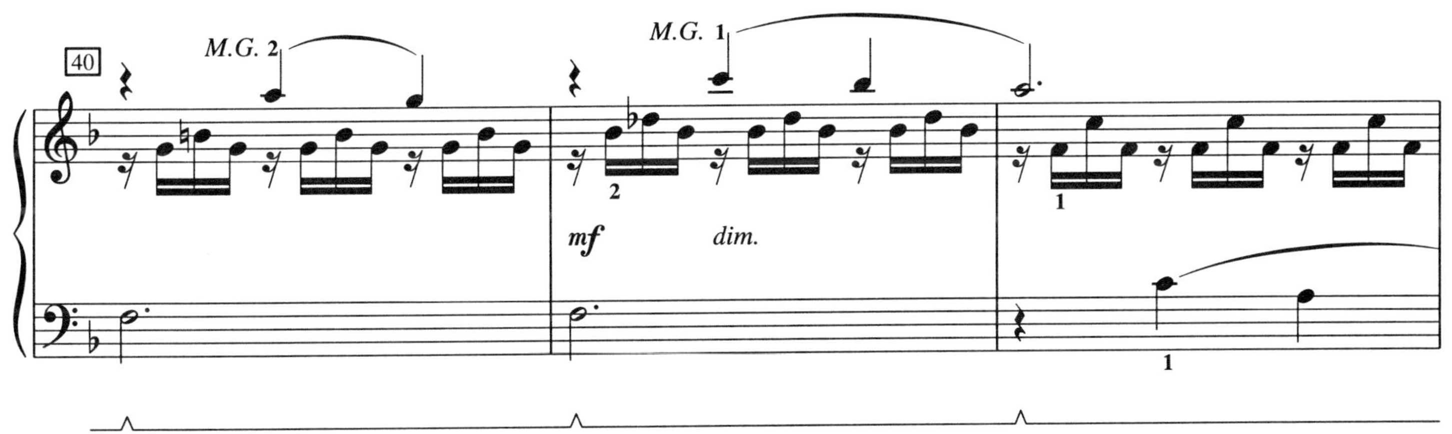
40
M.G. 2
M.G. 1
mf
dim.
2
1
1

43
molto rit.
p
pp
1